D1743475

Alexandra Lara Weng

Kartenlegen nach Mlle. Lenormand
Übungsbuch

- Band 5 –

Alexandra Lara Weng
Kartenlegen nach
Mlle. Lenormand
Übungsbuch

- Band 5 -

Bibliographische Informationen der Deutschen Bibliothek:
Die Deutsche Bibliothek verzeichnet diese Publikation in der Deutschen National-
bibliographie; detaillierte bibliographische Daten sind im Internet über
http://dnb.ddb.de abrufbar

ISBN: 978-3-8370-9107-6

© by Alexandra Weng; 2009
Herstellung und Verlag: Books on Demand GmbH, Norderstedt

Für
Jessica
&
Nino

INHALT

Vorwort

An dieser Stelle möchte ich mich zu allererst für Ihre Treue bedanken. Es freut mich sehr Sie auch bei Band 5 wieder begrüßen zu dürfen. Sie haben bereits in den letzten Bänden alle notwendigen Informationen zum Kartenlegen an die Hand bekommen. In diesem Buch können Sie nun dieses Wissen überprüfen und gegebenenfalls noch etwas nachbessern. Sofern Sie alle Fragen richtig beantworten können zeigt das bereits eine gute Kompetenz. Sicherlich haben Sie bereits für viele Menschen die Karten gedeutet und damit Ihre persönlichen Erfahrungen gemacht. Diese dürfen auch einmal negativ ausfallen, denn es ist noch kein Meister von Himmel gefallen und es zeigt Ihnen lediglich Schwachpunkte auf die Sie gezielt eingehen können. Seien Sie sich bewusst, dass nicht nur technisches Wissen zur Deutung der Karten wichtig ist, sondern auch Ihre persönliche intuitive Auffassung der Karten. Vergessen sie daher nicht Ihren ersten Eindruck wenn Sie die Karten auslegen. Macht das Bild auf Sie eher einen negativen oder einen positiven Eindruck?

Ich habe in diesem Buch nicht alle möglichen Fragen aufgeführt, sondern zu jedem Thema ein paar Dinge herausgepickt. Bestimmt werden Sie noch einige neue Kombinationen oder Möglichkeiten entdecken. Das habe ich bewusst so angelegt um nicht nur das Wissen abzufragen, welches man auswendig lernen kann, sondern ich habe auch Fragen gestellt, die Ihre Kreativität und Kombinationsgabe ansprechen. So werden Sie auch außerhalb dieses Buches Ideen zu möglichen Kombinationen entdecken.

Ich wünsche Ihnen viel Spaß mit dem 5. Band und wünsche Ihnen für die Zukunft alles Gute und eine freie Sicht!

Ihre

Alexandra Lara Weng

ZUR BENUTZUNG DIESES BUCHES

In diesem Buch befinden sich viele Fragen mit den dazugehörigen Antworten. Bitte versuchen Sie zuerst selbst die Lösungen zu den Fragen zu finden bevor Sie die abgedruckten Lösungen nachlesen. Ich gebe Ihnen den Tipp erst eine intuitive Antwort zu finden vor allem wenn nach einer Kombination gefragt wird. Somit fällt es Ihnen später leichter die Kombinationen vor allem im großen Blatt zu erfassen. Meine Lösung ist keineswegs die einzig richtige, behalten Sie Ihre bereits erarbeiteten eigenen Deutungen bitte bei. Diese sind nicht falsch sondern gelten nur für Sie. Ich habe versucht meine Lösungen nach den angegebenen Bedeutungen aus den anderen Bänden zu erfassen damit diese leicht nachzuvollziehen sind.

Hören Sie also auf Ihre innere Stimme. Sie werden schnell bemerken wie viele Lösungsmöglichkeiten es gibt. Die erste Idee oder Lösung die ihnen in den Kopf schießt ist fast immer die richtige!

Sämtliche Kombinationen gelten natürlich für kleine Legesysteme und auch für das große Blatt.

Ganz wichtig: Notieren Sie sich alle Lösungen die Ihnen einfallen. Diese können Sie später in einer Legung zur Deutung hernehmen.

Es kann passieren, dass Sie sich auch über nicht gefragte Kombinationen Gedanken machen weil Sie beiläufig, während des Lesens, eine Idee haben. Notieren Sie sich auch diese Einfälle.

Warum sollte man einzelne Karten für kleine Legesysteme mit der linken Hand ziehen?

Die linke Hand liegt dem Herzen näher darum wird sie auch als die intuitive Hand bezeichnet. Werden die Karten mit der rechten Hand gezogen bekommt man sehr oft die Antwort die dem Verstand zugeordnet wird. Das gilt für Linkshänder wie für Rechtshänder.

Wie stellt man ideale Fragen an das Kartenbild?

Fragen sollten sehr deutlich gestellt werden am besten mit zeitlicher Begrenzung. Es macht wenig Sinn zu fragen ob eine Beziehung mit XY möglich wäre ohne eine feste Zeitbegrenzung. Selbst wenn das Kartenbild eine Beziehung anzeigt, kann diese theoretisch erst in 10 Jahren möglich sein. Die Antwort wurde zwar bejaht, jedoch ist deren Sinn nicht gegeben.
Fragen werden sehr eindeutig von den Karten beantwortet wenn die dazugehörige Frage eindeutig gestellt wurde. Also keine Fragen die 10 verschiedene Möglichkeiten bieten die wiederrum viele weiteren Fragen offen lassen.
Ja/Nein Fragen können nicht ohne weiteres beantwortet werden, daher sollte man davon Abstand nehmen. Eine positive Karte zeigt durchaus ein „Ja" eine negative hingegen „Nein" jedoch behält die Karten trotzdem ihre dementsprechende Bedeutung die immer mit einbezogen werden sollte.

Für welche Fragen eignet sich das Legesystem „Das große Blatt"?

Mit diesem System können alle Fragen auf einen Blick beantwortet sowie Vergangenheit, Gegenwart und Zukunft deutlich erörtert werden. Auch dient es als allgemeiner Überblick den man sich auch ohne aktuelle Frage auslegen kann. Allerdings sollte man es maximal einmal im Monat verwenden. Das Notieren der Legung kann sinnvoll sein um jederzeit mit den tatsächlichen Geschehnissen vergleichen zu können. Dieses System ist die Königsklasse der Lenormandkarten, da es das schwierigste und zugleich das ergiebigste Legesystem darstellt.

Finden Sie für nachfolgende Begriffe (Eigenschaften) die Kombination. Lassen Sie hier auch eigene Deutungsmöglichkeiten mit einfließen. Meine Lösungen müssen nicht die einzig richtigen sein. Versuchen Sie eher durch logisches Kombinieren der Bedeutungen eine passende Lösung zu finden. Für manche Eigenschaften genügt bereits eine Karte! Beachten Sie das Eigenschaften immer bei einer Personenkarte liegen müssen, also in den umliegenden 8 Karten!

Ehrgeiz	Berg + Reiter
Mut	Bär
mangelnder Mut	Bär + Mäuse
Mutlos	Bär + Sarg
Selbstbewusst	Sonne
Wachsendes Selbstbewusstsein	Kreuz + Sonne
Wenig Selbstbewusstsein	Sonne + Sarg
Mangelndes Selbstbewusstsein	Sonne + Mäuse
Schwindendes Selbstbewusstsein	Sonne + Kreuz
Geradlinigkeit	Wege + Schlüssel
Oberflächlichkeit	Brief
Von sich selbst eingenommen	Bär + Sonne
Stur	Berg
Extrem stur	Sarg + Berg
Unberechenbar	Störche
Veränderungunwillig	Berg + Störche
Schüchtern/wenig gesprächig	Ruten oder Vögel + Berg
Aggressiv	Sense
Sehr aggressiv (Vorsicht!)	Ruten + Sense
Liebevoll	Herz
Harmoniebedürftig	Lilie
Familienmensch	Lilie oder Haus
Neigt zu Wiederholung	Ring
tut immer dasselbe	Ruten + Ring
Sportlich	Reiter
Entscheidungsunfähig	Wege + Berg
Verschlossen	Turm + Ruten
Einzelgänger	Turm

Hyperaktiv/kann nicht „nichts tun"	Reiter + Störche
Langweilig oder sehr ruhig	Baum + Lilie
Verbal aggressiv/streitlustig	Vögel + Ruten oder Vögel + Sense
Kann sich nicht durchsetzen	Ruten + Mäuse
Charmant	Blumen
Nicht ehrlich	Fuchs schaut auf die Personenkarte
Ehrlich	Personenkarte hinter dem Fuchs
Innerlich aufgewühlt	Mond + Ruten
Treu	Hund
Untreu	Fuchs + Hund
Kummervoll/traurig	Mäuse oder Sarg
Zu gutmütig	Hund + Bär

Welche Karte trifft auf jeweils folgende Beschreibungen zu, beziehungsweise welche Karte müsste hier bei der Personenkarte zu finden sein:

1. Steckt voll im Kummer oder ist dabei sich von etwas zu lösen. - Sarg
2. Bekommt eine Überraschung oder eine Einladung. - Blumen
3. Bekommt einen Telefonanruf. - Vögel
4. Ist sich unsicher. - Wolken
5. Entscheidung steht an. - Wege
6. Erhält eine Nachricht. – Brief/Reiter
7. Bekommt Hilfe. - Lilie
8. Trägt ein Geheimnis. - Buch
9. Steckt in Schwierigkeiten. – Berg

Welche Karten zeigen einen Kontakt an? Das kann ein Treffen, ein Anruf und diverse Arten schriftlicher Nachrichten anzeigen.

- Reiter (Treffen, schriftlich, mündlich)
- Brief (schriftlich)
- Park (Treffen)
- Vögel (mündlich)
- Ruten (in der Regel mündlich, selten schriftlich)
- Blumen (Treffen)

Nennen Sie alle Personenkarten des Kartendecks inklusive Kinder.

- Herr (Mann)
- Dame (Frau)
- Bär (Mann, teilweise aber geschlechtsneutral)
- Haus (Mann)
- Wolken (Mann)
- Lilie (Mann)
- Fische (Mann)
- Blumen (Frau)
- Störche (Frau)
- Wege (Frau)
- Schlange (Frau)
- Reiter (Mann, Sohn)
- Hund (geschlechtsneutrale Person/umliegende Karten)
- Kind (Kind, geschlechtsneutral umliegende Karten)
- Herz (Kind, weiblich)
- Ruten (Kind, männlich)
- Sense (Kind, weiblich)
- Vögel (2 ältere Menschen, älteres Ehepaar)
- Park (viele Menschen)

Warum gibt es für den Tod keine eindeutige, immer geltende Kombination?

Der Tod kann sich in vielen verschiedenen Kombinationen äußern. Für die einen ist es ein langer Leidensweg der vorausgeht, für die anderen eine Erlösung, für wieder andere eine völlige Überraschung. Einfach zu sagen Kreuz + Sarg sei die richtige Kombination ist falsch! Dies kann wohl ein Hinweis auf eine schwere Erkrankung sein, die jedoch nicht zwangsläufig zum Tode führen muss. Zudem zeigen diese beiden Karten in Kombination sehr oft, dass man sich von etwas total verabschiedet oder etwas komplett verliert. Das zeigt sich oft in Verbindungen in denen der Kontakt von jetzt auf nachher abbricht und nie wieder Kontakt aufgenommen wird. Auch der Abschied von einer Vorstellung kann gemeint sein. In Kombination mit dem Schlüssel sogar der Rat sich von einer Vorstellung zu verabschieden.

Wie Sie sehen gibt es für das Kreuz mit dem Sarg sehr viele Möglichkeiten!

Wo befindet sich im großen Kartenbild die Zukunft einer Personenkarte?

In der Regel immer in Blickrichtung, außer es geht um das Verhältnis in Zukunft zweier Personen miteinander. Hierfür werden die Karten zwischen den Personen hergenommen. Diese zeigen Ereignisse in der Zukunft an sowie deren Verhältnis in Zukunft miteinander.

Das Kreuz weist in der Deutung, vor allem im großen Blatt einige Besonderheiten auf die zu beachten sind. Nennen Sie diese.

- Was rechts neben dem Kreuz liegt wird langsam stärker/vermehrt sich
- Was links vom Kreuz liegt wird langsam schwächer/wird aufgelöst/vergeht
- Was unter dem Kreuz liegt wird belastet oder ist belastet/belastend
  Sehr oft liegt unter dem Kreuz auch etwas Schicksalhaftes

Welche Kombinationen könnten einen Kontaktabbruch zeigen?

Sense + Vögel; Berg + Vögel; Vögel + Mäuse (Reihenfolge!); Sarg + Vögel; Sense + Brief; Berg + Brief; Brief + Mäuse; Sarg + Brief; Sense + Reiter; Berg + Reiter; Reiter + Mäuse; Sarg + Reiter; Sense + Ruten; Berg + Ruten; Ruten + Mäuse; Sarg + Ruten

Welche Kombinationen könnten eine Erbschaft anzeigen?

Sarg + Schiff + Fische
Kreuz + Schiff + Fische

Wo/Wie findet man Informationen zu Mutter und Vater im großen Kartenbild?

Mutter: Die Karten zwischen Turm und Schlange; wenn sie beisammen liegen die Karten drum herum
Vater: Die Karten zwischen Turm und Bär; wenn sie beisammen liegen die Karten drum herum

Welche Kombination könnte ein Gefängnis zeigen?

Ruten + Turm + Sense + Park

Welche Zeichen (Vergangenheit, Gegenwart, Zukunft) enthält die Kombination Fuchs + Wege wenn der Fuchs auf die Wege schaut?

- Wenn es in der Vergangenheit liegt hat man einen falschen Weg eingeschlagen oder eine falsche Entscheidung getroffen
- Wenn es in der Zukunft liegt droht eine falsche Entscheidung oder ein falscher Weg
- Wenn es gegenwärtig liegt, ist es eine Warnung seine Entscheidungen nochmals zu überdenken und gegebenenfalls eine andere Richtung einzuschlagen

Was bedeutetes es:

a) Wenn das Schiff Richtung Haus fährt
- Von einer Reise zurückkommen; Heimreise; Rückkehr nach Hause
b) Wenn das Schiff weg vom Haus fährt
- Sich auf eine Reise begeben; Abreise; weg von zu Hause

Diese Kombinationen gelten auch wenn jemand das Haus verlässt, also auszieht oder nach Hause zurückkehrt nachdem er beispielsweise ausgezogen ist.

Liegt noch der Ring dabei kann es auch die Rückkehr in eine alte Verbindung sein. Aber Achtung in dem Fall ist keine neue Bindung/Beziehung gemeint.

Notieren Sie alle möglichen Bedeutungen der Kombination Sarg + Lilie (Meine Lösungen sind sicher nicht alle)

-   Frieden auf Zeit (mit positiven Karten)
-   Ende des Friedens (mit negativen Karten)
-   Eventuell Todesfall in der Familie
-   Erzwungene Ruhepause
-   Notwendige schwierige Phase um etwas abzuschließen
-   Etwas in Frieden abschließen
-   Momentan kein Sex
-   Hormonelle Krankheit

Nennen Sie jeweils die Kombination für die nachfolgenden Stichworte:

Kindergarten – Kind + Park
Gericht – Ruten + Turm + Park
Neubau; neues Haus – Kind + Haus
Schloss; sehr großes Haus; Villa – Haus + Park
2 Familienhaus – Ruten + Lilie + Haus
Hochhaus – Turm + Haus (am besten Turm über dem Haus)

Nennen Sie mögliche Kombinationen für eine Kündigung.

Sense + Brief (oder Ring) + Anker
Anker + Brief (oder Ring) + Mäuse

Anker + Mäuse (Mäuse Richtung Anker) SEHR SELTEN
Sense + Anker EHER SELTEN
Anker + Sarg EHER SELTEN

Da der Vertrag mit dem Brief oder Ring in Verbindung mit dem Anker dargestellt wird muss dieser durch eine Karte wie zum Beispiel die Sense weggenommen werden. Anker + Mäuse alleine zeigt eher selten eine Kündigung sondern Arbeitslosigkeit oder Reduzierung der Stundenzahl am Arbeitsplatz.

Welche Kombination zeigt, dass ein Arbeitsplatz sicher ist? Im Falle einer Selbstständigkeit zählt an Stelle des Ankers auch der Turm.

Anker + Schlüssel
Anker + Hund
Anker + Sense (Sense mit der Spitze weg vom Anker) – zeigt dass keine Gefahr des Arbeitsplatzes vorhanden ist. Manchmal zeigt diese Kombination sogar beruflichen Erfolg an, oder dass man die Ernte für seine Mühen einfahren kann/darf.

Finden Sie Lösungen für nachfolgende Kombinationen aus dem Bereich Liebe/Partnerschaft.

Kind + Ring – Neuanfang in einer bestehenden Bindung
Ring + Kind – neue Beziehung; neue Partnerschaft (mit neuem Partner)
Park + Sterne – Treffen in der Nacht
Park + Sonne – Treffen am Tag; Treffen im Sommer
Park + Herz – Treffen bei dem man sich verliebt; die Liebe öffentlich machen
Wege + Park – Spaziergang, Entscheidung wegen eines Treffens
Ruten + Haus – Partnerschaft mit getrennten Wohnungen; 2 Wohnsitze

Wo im großen Blatt sieht man von was man sich trennen muss?

Beim Turm oder eventuell beim Sarg (was man loslassen muss).
Der Sarg zeigt oft auch die Dinge von denen man sich von selbst löst.

Nennen Sie mögliche Lösungen der Kombinationen auf das Thema Haus/Immobilien bezogen.

Haus + Kind – Neubau; neues Haus

Haus + Sarg – Schäden am Haus

Haus + Sarg + Schlüssel – stark renovierungsbedürftiges Haus, ganz sichere Schäden am Haus; unsicheres Haus wegen z.B. Einsturzgefahr

Haus + Blumen – Haus mit schönem Garten oder vielen Blumen; buntes Haus; Haus mit Kunst

Haus + Hund + Baum – Haus unter Denkmalschutz

Haus + Sarg + Park – Haus mit Friedhof in der Nähe; altes Haus mit großem Garten

Haus + Kind + Park – neues Haus mit großem Grundstück; Haus mit Spielplatz oder Kindergarten in der Nähe

Haus + Schlüssel – Schlüsselfertiges Haus

Haus + Ruten + Schlüssel – Rohbau; an diesem Haus wird noch gearbeitet (handwerklich)

Haus + Schlange + Blumen – Hexenhäuschen

Haus + Fische – Hausfinanzierung

Kreuz über Haus – Hypothek; Belastungen die das Haus betreffen oder wegen des Hauses

Ruten + Sense + Haus – Zwangsräumung; selten: heftige Diskussionen wegen eines Hauses

Sonne + Sense + Haus – Hausbrand; abgebranntes Haus

Sonne + Sense + Haus + Kreuz – Brand bei dem das Haus völlig zerstört wird

Wie können Sie im großen Blatt die zukünftige Entwicklung bzw. zwischen 2 Personen ablesen?

Die Karten zwischen den entsprechenden Personenkarten geben Aufschluss.

Wie sieht man den aktuellen Stand von 2 Personen im großen Blatt?

Man nimmt die Schnittpunkte. Gibt es diese nicht, haben die Personen nichts miteinander zu tun bzw. momentan keinen Kontakt oder es gibt nichts was sie zusammenhält.

Welche Gegebenheit muss im großen Blatt bestehen, dass ein Umzug stattfinden kann bzw. stattfindet?

Störche und Haus müssen beieinander liegen oder auf einer Linie (waagerecht, senkrecht, diagonal) zu finden sein. Die Karten die eventuell dazwischen liegen zeigen was dem Umzug noch im Weg steht oder was in Bezug auf den Umzug beachtet werden muss.

Wie könnte die Kombination aussehen wenn man sich gegen etwas entscheidet?

Wege + Berg + entsprechende Sach- oder Personenkarte (gibt an gegen was man sich entscheidet)

Wie kann man sehen dass eine Person 2 Beziehungen führt oder 2 Bindungen im Spiel sind?

1. Wenn beim Ring die Ruten oder die Vögel liegen
2. Großes Blatt: wenn die Ruten/Vögel im Haus des Ringes liegen oder der Ring im Haus der Ruten/Vögel
3. Wenn 2 Personen beim Ring zu finden sind
   Oder eben einer andere Zahlkarte, diese gibt an wie viele
   Bindung bestehen
   Klee zeigt 3 – 4
   Kreuz zeigt 3 – 4
   Wege zeigt bis zu 5
   Anker 2 – 3

Wo im großen Blatt findet man Dinge von denen der Fragesteller (noch) nichts weiß oder mit welchen er nicht rechnet?

Hinter dem Buch bzw. an der geschlossenen Seite des Buches.

Wo im großen Blatt sieht man was dem Fragesteller momentan nicht so richtig gelingen möchte oder wo momentan nichts vorangeht?

Die Karten beim Berg.

Welche Kombinationen sprechen dafür, dass eine Sache erfolgreich abgeschlossen wird?
Gemeint ist eine allgemeine Kombination nicht mit Sachkarte!

Kreuz + Sterne
Kreuz + Sense (Reihenfolge)
Sarg + Sense (Reihenfolge)

Welche Kombination könnte einen Auszubildenden, welche einen Schüler zeigen?

Personenkarte + Anker + Kind +Buch – Auszubildender
Personenkarte + Buch + Turm – Student
Personenkarte + Buch – Schüler
Personenkarte + Kind + Buch – Grundschüler

Wie kann man ablesen, im großen Blatt und auch in kleinen Legesystemen das Besuch ins Haus kommt?

Beim Haus befinden sich die Blumen, der Park oder in Ausnahmefällen auch der Reiter der in Richtung Haus reitet.

Wie kann man im großen Blatt sehen wie viele Kinder der Fragesteller hat?

Bei Karte 13 Kind befindet sich eine Zahlkarte wie zum Beispiel die Ruten für die Anzahl zwei. Ebenso gelten andere Kinderkarten wie zum Beispiel das Herz beim Kind, beim Haus (Familie) bei der Lilie (Familie) oder beim Fragesteller selbst ebenfalls als Kinder. Die Karte Kind beim Haus oder bei der Lilie deutet ebenfalls auf einen Familie mit Kind/er hin.

Welche Kombination gilt für die Mutter welche für den Vater?

Mutter – Schlange + Turm
Vater – Bär + Turm

Wie sieht man, dass es sich um eine Frau aus der Familie handelt?

Wenn bei einer Frauenkarte wie zum Beispiel die Wege, die Schlange, die Störche oder die Blumen entweder die Lilie oder das Haus zu finden ist. Die Lilie oder das Haus zeigen in dem Fall immer die Familie an.
Liegt allerdings bei der Frauenkarte und dem Haus noch der Reiter dabei handelt es sich um eine Frau aus der Nachbarschaft.

Welche Kombination könnte einen Einbruch oder Diebstahl im Haus zeigen?

Haus + Mäuse + Personenkarte
(Anmerkung: Die Mäuse müssen Richtung Haus schauen und es muss eine Personenkarte hinter den Mäusen zu finden sein. Liegt dort der Park handelt es sich um eine Gruppe als Täter)

Welche Kombination zeigt

a) dass eine Entscheidung abgenommen wird?
Wege + Mäuse

b) wer eine Entscheidung trifft/getroffen hat?
Die Person bei den Wegen, es könnten auch mehrere Personen sein.

c) für was, bzw. wie man sich entschieden hat oder entscheiden wird?
Die Karte rechts neben den Wegen liegt. Es dürfen auch mehrere Karten auf der Linie rechts neben den Wegen gedeutet werden.

Welche Kombinationen zeigen eine Überweisung von Geld an?

Fische + Reiter
Brief + Fische

Eventuell auch Schiff + Fische wenn das Schiff Richtung Fische fährt, weil es ein Indiz ist, dass Geld kommt. Der Weg der Überweisung wäre hier eine Möglichkeit.

Nennen Sie einige wichtige Kombinationen zum Beruf.

- Kurzarbeit
  Anker + Klee + Sarg
  Anker + Mäuse + Klee
- Erhöhung der Arbeitszeit (dauerhaft)
  Mäuse + Anker + Baum (Anker hinter den Mäusen)
  Fische + Anker + Baum
- Kurzfristige oder einmalige Erhöhung wie zum Beispiel Überstunden
  Mäuse + Anker + Klee
  Fische + Anker + Klee
- Teilzeit
  Anker + Kind
  Anker + Klee
- Verminderung der Arbeitszeit bis hin zur Kündigung

Anker + Mäuse (Mäuse Richtung Anker)
- Arbeitslosigkeit
  Anker + Sarg
  Anker + Mäuse (Mäuse Richtung Anker)
- Beförderung
  Anker + Blumen (+ Fische mehr Geld)
- Führungsposition
  Bär + Turm + Anker (Reihenfolge egal)
- Selbstständigkeit
  Turm + Anker
- Heimarbeit; Arbeit von zu Hause aus
  Anker + Haus
  Anker + Haus + Ruten oder Personenkarte (Hausarbeit; Hausfrau)
  Anker + Haus + Brief (Homeoffice, Büro ist im Haus)
  Anker + Haus +Turm (Selbstständigkeit von zu Hause aus)

Nennen Sie die Kombinationen für nachfolgende Begriffe.

Verheiratet oder ganz feste Lebenspartnerschaft
Ring + Schlüssel
Ring + Anker
Ring + Schlange (für eine Frau)
Ring + Bär (für einen Mann)
Ring + Baum
Dasselbe gilt natürlich wenn die Hauptpersonenkarte zum Beispiel der Herr oder die Dame beim Ring liegen.

Verwitwet
Kreuz + Sarg + Ring
Wolken + Sarg + Ring

Single
Ring + Mäuse
Ring + Turm
Ring + Sarg

Verlobt
Ring + Blumen

Getrennt lebend
Ring + Turm + Haus
Ring + Ruten + Haus

Geschieden
Ring + Turm + Schlüssel
Ring + Turm + Anker
Sense + Ring + Schlüssel
Sense+ Ring + Anker

Nennen Sie die Kombinationen für nachfolgende Berufe!

Arzt (allgemein)	Anker + Baum + Buch
Designer	Anker + Kind + Blumen
Kartenleger	Anker + Sterne + Brief
Briefträger	Anker + Brief + Wege
Bürotätigkeit	Anker + Turm + Brief
Kapitän	Anker + Bär + Schiff
Pilot	Anker + Schiff + Störche
Gärtner/Florist	Anker + Blumen
Bankangestellte	Anker + Fische + Turm
Polizist	Anker + Park + Ruten
Schauspieler	Anker + Blumen + Park + Sonne
Putzfrau	Anker + Ruten + Haus
Sportler	Anker + Park + Reiter
Tierarzt	Anker + Baum + Buch + Hund

Welche Kombination zeigt den Großvater welche die Großmutter?

Großvater/Opa: Vögel + Bär
Großmutter/Oma: Vögel + Schlange

Folgendes Problem:

A) Sie legen ein großes Blatt für eine Frau, verheiratet, die einen Gelieb-ten hat. Dieser steht ihr emotional näher als der Ehemann. Welche Personenkarte zeigt den Ehemann, welche den Geliebten?

Der Ehemann wird durch den Bären oder/und den Hund symbolisiert. Da sie dem Geliebten emotional näher steht, wird dieser durch den Herrn gezeigt.
Selbst wenn sie für den Ehemann mehr empfinden würde, tritt dieser fast immer als Bär und nicht als Der Herr im Kartenbild auf.
Eine Ausnahme gibt es, wobei auch dann eher selten, wenn der Geliebte erheblich jünger ist. Dann kann er als Reiter auftreten, aber wirklich nur in Ausnahmefällen.

B) Sie legen ein großes Blatt für einen Mann, verheiratet, der eine Geliebte hat. Welche Personenkarte zeigt die Ehefrau, welche die Gelieb-te?

Die Ehefrau ist als Schlange im Kartenbild zu sehen, die Geliebte ist Die Dame. Es verhält sich genauso so wie bei A), nur wenn die Geliebte erheblich jünger ist wird sie als die Blumen gezeigt.

Ein Anrufer stellt Ihnen einen Frage zu seiner Schwester. Wo und wie im großen Blatt würden Sie suchen?

Die typischen Kombinationen für die Schwester sind Turm + Störche oder Lilien + Störche. Zwischen dieser Kombination dürfen auch Karten liegen nur sollten beide Karten auf einer Linie liegen (senkrecht, waagerecht oder diagonal).

Sollten Sie diesen Sachverhalt nicht vorfinden, schauen sie nach allen weiblichen Personenkarten um das Haus und um die Lilie. Wenn zum Beispiel der Kontakt nicht besonders gut oder häufig ist, kann es sein das die Schwester im Bild des Fragestellers nicht mit den typischen Kombinationen auftritt.

Wie kann man im großen Blatt sehen das eine Person innerhalb eines Tages eine Nachricht, einen Kontakt oder ein Treffen haben wird?

Der Reiter, der Brief oder der Park liegen direkt vor der entsprechenden Personenkarte. Mit dem Schlüssel sogar ganz sicher dagegen ist fast nichts mehr zu unternehmen.

Beantworten Sie die Frage mit Hilfe von jeweils einer gezogenen Karte. Wie geht es in der Liebe weiter?

Ruten
- Es könnte zu einem Streit kommen. In jeden Fall stehen hitzige Gespräche an.

Herz
- Eine sehr herzliche Bindung in der die Liebe eine große Rolle spielt. In jedem Fall eine schöne, fröhliche Zeit die von Liebe geprägt ist.

Reiter
- Neue Chancen warten, eventuell auch Neuigkeiten oder eine Begegnung/Treffen. Ungebundene könnten einen möglichen neuen Partner kennenlernen.

Mond
- Sehr viel Gefühl und Anerkennung warten in Beziehungsangelegenheiten.

Brief
- Man wird eine Nachricht bekommen. In der Liebe wird auch auf einen Liebesbrief oder eine Liebesbekundung hingewiesen.

Störche
- In der Liebe wird es Veränderungen geben. Oft ein Hinweis, dass bei frischen Bindungen die Verliebtheit zu Liebe wird (im positiven Sinne).

Anker
- Die Liebe/Beziehung festigt sich und wird stabil. Manchmal ein kleiner Hinweis auf eine Ehe.

Turm
- Die Fronten verhärten sich. Ein Partner zieht sich zurück, manchmal auch beide. Die Gefühle sind unterkühlt. Der Turm ist ein Zeichen für eine Trennung.

Blumen
- In der Liebe gibt es eine Überraschung oder ein Geschenk. Manchmal ist die Liebe von oder zum Partner wie ein Geschenk. Die Blumen sind auch ein kleiner Hinweis auf eine Verlobung.

Wege
- In Liebesangelegenheiten wartet eine Entscheidung darauf getroffen zu werden. Besteht noch keine Partnerschaft, gibt es aber bereits einen bestimmten Menschen dem man sein Herz geschenkt hat zeigen die Wege wortwörtlich „gemeinsame" Wege an.

Fuchs
- In der Liebe läuft etwas falsch. Man denkt sehr negativ und eventuell wird man hinters Licht geführt. Beim Fuchs handelt es sich oft um Betrug oder Hinterlistigkeit. Die Liebe wird vorgeheuchelt oder man belügt den Partner bewusst. Manchmal aber ist es einfach nur der falsche Partner oder die falsche Beziehung.

Beantworten Sie die Frage mit Hilfe von jeweils einer gezogenen Karte. Wie geht es im Beruf weiter?

Ruten
- Am Arbeitsplatz stehen wichtige Gespräche an. Diese könnten zu Diskussionen ausarten. Auf jeden Fall Gespräche bei denen es zur Sache geht.

Park
- Beruflich zeigt der Park ein Meeting oder ein geschäftliches Treffen an. Dabei kann es sie auch um ein Geschäftsessen handeln. Manchmal ist der Park ein Hinweis auf Öffentlichkeitsarbeit oder einfach den Gang an die Öffentlichkeit.

Berg
- Beruflich geht es nicht vorwärts, alles stagniert. Der Berg kann Blockaden von außen zeigen aber auch Hindernisse die man sich selbst geschaffen hat. In jedem Fall müssen erst Probleme gelöst werden damit es wieder vorwärts geht.

Turm
- Im beruflichen Bereich steht der Turm meist für Selbstständigkeit oder eine Führungsposition. Sollte dies nicht der Fall sein ist Vorsicht geboten denn er kann eine Trennung vom Beruf anzeigen. Diese kann gewollt oder auch ungewollt sein.

Baum
- Der Baum zeigt meist eine Lebensstellung sowie den Beamtenstatus. Für alle Fälle in denen das nicht zutrifft weist er auf Langeweile aber auch Sicherheit und Stabilität im Berufsleben oder am Arbeitsplatz hin.

Kreuz
- Das Kreuz zeigt einerseits das Schicksal aber auch die Prüfungen. Somit ist es nicht auszuschließen, dass man am Arbeitsplatz geprüft

wird. Das Kreuz zeigt auch alle geistlichen Berufe an. Nur, wenn dies nicht zutrifft ist auf alle Fälle Vorsicht geboten.

Schiff
- In erster Linie ist diese Karte ein Indikator für eine Reise, im beruflichen Bereich für Geschäftsreisen. Handeln mit Gütern und Waren fallen ebenso in ihr Aussagespektrum. Zudem zeigt es immer, dass im Beruf etwas auf einen zukommt. Was es ist kann mit dieser einen Karte nicht genauer erörtert werden.

Deuten Sie nachfolgende 3er Kombination in Bezug auf die gestellte Frage.

Eine junge Frau, verheiratet, ist mit ihrem aktuellen Zustand in der Ehe sehr unzufrieden. Sie möchte wissen wie sich das Thema entwickeln wird.

10	25	31

Diese Kombination ist eindeutig. Die Sense mit dem Ring zeigt deutlich die Gefährdung der Ehe und sogar eine zeitliche Trennung wird hier angedeutet. Danach allerdings bekommt die Beziehung neue Energie und wird wieder aufblühen. Eine Trennung auf Zeit würde auf jeden Fall die Beziehung bereichern auch wenn dieser Schritt gewiss nicht einfach ist. Die Sonne kann als Zeitkarte auch auf die Trennung im Sommer hinweisen.

Ein Mann, im Beruf sehr engagiert, möchte gerne wissen wie sich seine berufliche Situation weiter entwickelt.

Für den Mann sieht es sehr gut aus, denn auf ihn wartet ein Geldgeschenk welches sich auch als Beförderung bemerkbar machen kann. Auf alle Fälle wird er finanziell belohnt werden. Die Personenkarte die hier für den Fragesteller selbst steht zeigt, dass er Einsatz bringen muss um das Geschenk zu erhalten. Da die Blumen für eine Überraschung stehen ist nicht gemeint die Beförderung zu erfragen sondern weiterhin Einsatz zu bringen und besondere Leistungen zu zeigen. Dann wird die positive Nachricht ganz überraschend auf ihn zukommen.

Eine junge Frau die einige Schulden hat würde diese gerne tilgen um einer drohenden Zahlungsunfähigkeit auszuweichen. Wird das funktionieren?

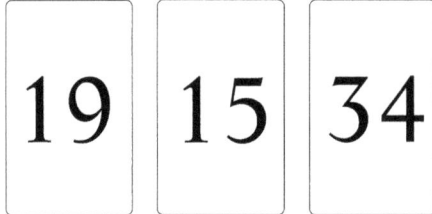

Diese 3 Karten sind ein Hinweis, dass sie Geld von ihrem Vater erhalten wird oder kann. Sehr viel mehr lässt sich daraus nicht ablesen, jedoch der Hinweis sollte ihr weiterhelfen wie sie ihr Problem lösen kann.

Sollte sie ihrem Vater möglicherweise bereits verloren haben wäre die nächste Anlaufstelle ein eventueller Vaterersatz oder ein älterer Mann aus der Familie.

Bitte beschreiben Sie anhand der nachfolgenden Legung die Dame. Gehen Sie auf Aussehen und Charakter ein. Bitte nehmen Sie alle umliegenden Karten zu Hilfe.

1	31	3
35	29	9
18	13	4

Aussehen: blonde Haare (Sonne) und eine kleine, zierliche Figur (Kind)

Charakter: Sie hat sehr viel Ausstrahlung und auch Selbstbewusstsein (Sonne)
Sie ist sportlich, jugendlich und redegewandt (Reiter)
Sie ist fleißig, diszipliniert und sicherheitsliebend (Anker)
Sie ist treu, verlässlich und eine gute Freundin (Hund)
Sie ist etwas naiv, neugierig und sagt gerne was sie denkt (Kind)
Sie ist familienorientiert und häuslich (Haus)
Sie ist beliebt, charmant und freundlich (Blumen)
Sie ist ein Lebenskünstler und lässt die Dinge gerne auf sich zukommen (Schiff)

Deuten Sie nun bitte, wie auf der Grafik in Band 3 auf Seite 20, die zukünftigen, aktuellen und vergangenen Ereignisse die Dame betreffend.

Beginnen wir mit den Gedanken.

Sie denkt an eine positive Nachricht (Sonne + Reiter) die ohne ihr Zutun kommen soll (Schiff). Es kann auch eine Reise (Schiff) mit dem Auto (Reiter) in den Süden oder im Sommer (Sonne) gemeint sein. Um das näher abzuklären schauen wir nun auf die Situation in der sie sich im Moment befindet. Dort finden wir das Kind, ein Hinweis, dass sie sich in einer Phase des Neuanfangs befindet oder einfach etwas Neues begonnen hat. Es geht ihr um etwas Neues.

Schauen wir nun auf die Karte hinter ihr, wo wir die Blumen finden. Dabei handelt es sich um eine Einladung oder ein Geschenk. Sie wurde überrascht.

Der Anker, die Karte für Dinge die in Kürze eintreten, zeigt uns den Beruf oder einfach die Sicherheit.

In den zukünftigen Einflüssen (bewusst) sehen wir den Reiter. Somit muss die Dame auch sicher mit Nachrichten rechnen bzw. sie wird sicher eine Nachricht erhalten.

Der Hund zeigt dass sie in Zukunft Hilfe erhalten wird oder ein/e Freund/in sehr wichtig wird. Damit rechnet sie nicht.

In den vergangenen, bewussten Einflüssen ist das Schiff zu sehen. Etwas ist auf sie zugekommen, dies hat noch Auswirkungen auf die Gegenwart. Der vergangene, unbewusste Einfluss kommt aus der Familie oder auch aus dem häuslichen Bereich.

Es zählt bei der Deutung auch immer die aktuelle Frage oder das Thema um in die Tiefe zu schauen.

Deuten wir nun das ganze Bild intuitiv, dies möchte ich als Beispiel aus meinem Erfahrungsschatz hinzufügen, ergibt sich folgende Deutung:

Die Fragestellerin steht gegenwärtig mit voller Kraft und voller Elan an einem Neuanfang. Sie möchte etwas umsetzten und hat dafür alle Kräfte mobilisiert. (Kind + Sonne)

Bereits in der Vergangenheit kam es auf sie zu, es ist allerdings noch eine wichtige Nachricht offen die sie erst in der Zukunft erhalten wird. (Reiter + Sonne + Schiff)

In der Vergangenheit wurde sie überraschend von ihrer Familie auf eine Reise oder einen Besuch eingeladen. Die Familie kam auf sie zu. Eventuell hat sie sogar ein Haus geschenkt bekommen oder geerbt. (Schiff + Blumen + Haus) Zukünftig wird sie die wichtige Nachricht erhalten, sie wird positiv sein (Sonne) und scheint aus dem beruflichen Bereich (Anker) zu kommen. Hierbei wird ein/e Freund/in oder Kollege/in wichtig. (Hund)

Es sieht also fast so aus, dass der Neustart mit der Arbeit die sie angeboten bekam zu tun hat, eventuell in der Nähe der Familie oder einer bestimmen Immobilie. Da der Reiter auch für ein Treffen stehen kann und der Anker dabei zu finden ist, könnte die 3er Kombination auch gezielt ein Gespräch bezüglich einer neuen Arbeitsstelle sein.

Das Haus kann eine kleine Firma zeigen, somit könnte die Einladung (Blumen) für ein Gespräch bezügliches des Berufes gemeint sein.

Für eine Legung mit 9 Karten stellt die Frage also immer ein wichtiges Kriterium dar, sonst wird die Deutung zu vielfältig.

Beantworten Sie nachfolgende Frage anhand der 9er Legung.

Eine Frau, tätig als Kartenlegerin, hat ein Angebot bekommen bei einer größeren Gesellschaft in der Telefonberatung tätig zu sein. Bereits vor kurzem hatte sie dort ein Gespräch. Sie ist sich nicht sicher ob sie dort gut aufgehoben wäre.

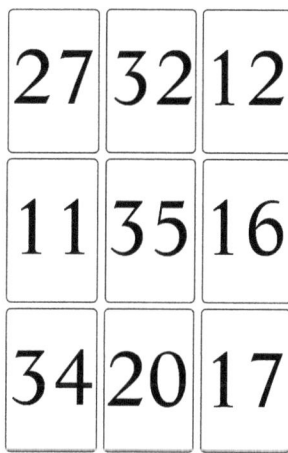

Schauen wir in die Vergangenheit, sieht man die Gespräche deutlich, dies wird durch die Ruten dargestellt. Diese Gespräche scheinen Vertragsverhandlungen (Ruten + Brief) gewesen zu sein in welchen unter anderem auch finanzielle Aspekte angesprochen wurden. (Fische)

Sie wird in dieser Gesellschaft Anerkennung erhalten und erfolgreich sein, das zeigt bereits die Gegenwart. (Mond + Park)

Die Zukunft zeigt sehr eine Veränderung durch viele positive und erfolgreiche Gespräche. (Störche + Sterne + Vögel)

Der Dame kann man in dem Fall nur dazu raten die Stelle anzutreten, da sie bereits von Anfang an Anerkennung erhalten wird und auch der Erfolg nicht lange auf sich warten lässt.

Diese Antwort war die absolute Kurzform die jedoch auf eine gezielte Frage völlig ausreichend ist.

Das nachfolgende große Blatt wurde für eine junge Frau ausgelegt die diverse Fragen dazu stellte.
Bitte beantworten Sie die Fragen dazu.

6	7	19	27	23	8	5	32
11	4	16	15	28	30	29	1
31	18	3	10	26	17	34	22
24	20	9	33	21	13	14	25
		36	35	1	12		

1. **Sie hat sich von ihrem Partner getrennt und möchte wissen, was mit der gemeinsamen Immobilie passiert.**

Da beim Haus die Schlange mit dem Turm zu finden ist und die Wolken noch dabei liegen wird es mit Sicherheit eine sehr komplizierte Trennung. Mit derselben Kombination ist ein Hinweis auf die Mutter zu sehen. Da die Ruten mit der Sonne ebenfalls zu sehen sind, scheint es bezüglich es des Hauses Verhandlungen mit der Mutter zu geben. Es sieht jedoch nicht so aus, dass die Mutter ebenfalls in diesem Haus wohnt, da das Schiff vom Haus wegfährt. Eher scheint sie zu helfen, das zeigt der Hund auf der senkrechten mit der Mutter. Sie liegt mit dem Erfolg dabei, symbolisiert durch die Sterne.
Nehmen wir zum Haus nun die Korrespondenzkarte, die Fische, wird schnell klar um was es hier geht. Die Kombination Fische + Haus

zeigt eine Immobilienfinanzierung. Bei den Fischen sehen wir auch den Ring, der in diesem Fall für den Finanzierungsvertrag steht. Der Ring korrespondiert mit den Wolken, was bedeutet, dass die Hausfinanzierung noch unklar ist, beziehungsweise die vertraglichen Angelegenheiten. Beim Ring sind die Wege zu sehen, der Hinweis auf eine Entscheidung. Leider befindet sich rechts neben dem Ring keine Karte, somit ist die Entscheidung noch völlig offen.

Da aber die Fragestellerin das Haus anschaut (Dame Richtung Haus), scheint es so, dass die Fragestellerin in diesem Haus wohnen bleiben wird. Deshalb ist auch die Hausfinanzierung direkt unter ihr. Sie muss also die vertraglichen Angelegenheiten klären auch in Verbindung mit der Mutter, so könnte es zu einer Lösung kommen.

Die Ruten beim Haus deuten auch auf 2 Wohnsitze hin, also der Status getrennt lebend.

Auch der Hund, der hier für den Ehemann steht (nicht der Herr weil ein neuer Herzensmann vorhanden ist) schaut vom Haus weg. Das er geht wird noch deutlicher, da er beim Schiff liegt und dieses vom Haus wegfährt das bedeutet das er geht.

Abschließend gibt es also nur die Möglichkeit, dass die Dame im Haus wohnen bleibt, jedoch muss sie die hierzu notwendigen Formalitäten klären.

Ein Verkauf des Hauses scheint nicht in Frage zu kommen, da die Mäuse Richtung Brief liegen, somit kein Verkauf zu sehen ist.

2. **In ihrem Leben gibt es einen neuen Herzenspartner. Sie möchte wissen wie und ob es mit diesem Mann eine Chance gibt.**

Der potenzielle neue Partner wird hier mit der männlichen Hauptpersonenkarte der Herr dargestellt. Die beiden liegen ziemlich nahe beieinander, sogar auf einer Linie, jeweils in Blickrichtung des anderen. Das beste Zeichen für eine Partnerschaft. Schauen wir die Karten dazwischen an, trübt es sofort die Freude. Die Lilie mit dem Sarg ist keine gute Kombination. Der Frieden ist zu Ende, somit eher eine Zeit der Schwierigkeiten, zumal der Sarg sehr oft ein Hinweis auf loslassen ist. Und doch muss angefügt werden das die Lilie, die auch den Ex-Partner symbolisieren kann, auf der Linie des Ringes und zwar mit den Fischen zu finden ist. Eine finanzielle Verpflichtung mit dem Ex-Partner scheint hier also im Weg zu stehen und müsste abgeschlossen werden, das zeigt der Sarg. Es kann sehr gut sogar mit dem Haus zu tun haben, da wir bereits weiter oben die Verbindung mit der Immobilienfinanzierung abgeklärt haben.

Die Störche zwischen den beiden zeigen eine Veränderung an. Das ist verständlich wenn man bedenkt dass die Dame an den ehemaligen Partner durch Haus und Geld gebunden ist. Eine unschöne Situation für einen neuen Partner. Unter den Störchen liegt das Kind, dieses zeigt ein Neuanfang erst nach einer Veränderung. Und sei dies das Problem des harmonischen Miteinanders mit den neuen Partner oder die Loslösung vom Ex-Partner, beides bedarf einer Änderung, damit es hier mit einer neuen Beziehung funktionieren kann. Die Vögel beim Kind zeigen, dass zwar viel gesprochen wird, nur lässt das Handeln wohl zu wünschen übrig.

Der Fragestellerin kann hier nur angeraten werden, eine Entscheidung zu treffen, die wohl schon seit längerem getroffen werden müsste und dabei auf jeden Fall die Kinder mit einzubeziehen. Es müssten 2 Kinder sein weil beim Kind die Zahlkarte 2 liegt. Da der Fuchs auf die beiden sieht scheint man nur wenig Rücksicht auf ihre Belange zu nehmen.

Grundsätzlich ist aber eine Beziehung mit dem neuen Wunschpartner möglich wenn man bereits ist einiges zu ändern.

3. **Sie macht sich Sorgen um ihre finanzielle Situation, deshalb wäre es wichtig die zukünftige Entwicklung herauszufinden.**

Finanziell, wie weiter oben schon besprochen, geht es momentan hauptsächlich um eine Immobilienfinanzierung. Das betrifft auch die Entscheidung die bei den Fischen liegt. In den Finanzen allgemein ist aber eine Warnung zu sehen da der Fuchs die Störche und das Kind anschaut. Vorsicht also mit Veränderungen die die Finanzen betreffen. Weil die Störche eher flatterhafte Tiere sind kann es auch ein Hinweis sein das Geld nicht aus dem Fenster zu werfen weil anscheinend nicht sehr viel davon vorhanden ist was das Kind bei den Fischen zeigt. Grundsätzlich mag es nicht sehr viel Geld sein, nur muss ebenfalls gesagt werden, dass die Dame in stabilen Verhältnissen lebt. Sie liegt direkt zwischen Baum und Fischen. Auch der Fuchs der das Geld nicht anschaut, zeigt einen ehrlichen Umgang mit Geld an.

Bei der Dame sind immer wieder kleinere Geldeingänge zu sehen das zeigt die diagonale Linie Reiter + Fische + Kind + Klee. Einerseits durch die Kinder andererseits durch die Arbeit da der Klee beim Anker liegt. Der Reiter mit den Fischen steht für einen Geldeingang mit dem Ring dabei sogar für regelmäßige oder stabile Eingänge. Grundsätzlich braucht sie sich hier also weniger Sorgen machen da es momentan kein Grund zur Sorge wegen den Finanzen gibt.

Folgendes Bild gehört einem jungen Mann der eine ganz einfach Frage an die Karten hat.

Wird er wieder mit seiner Herzensdame in eine Beziehung gehen?

Ja/Nein Fragen sind immer sehr schwer zu beantworten, finden Sie jedoch eine Antwort auf seine Frage im Bild. Als Antwort genügt die Kurzform.

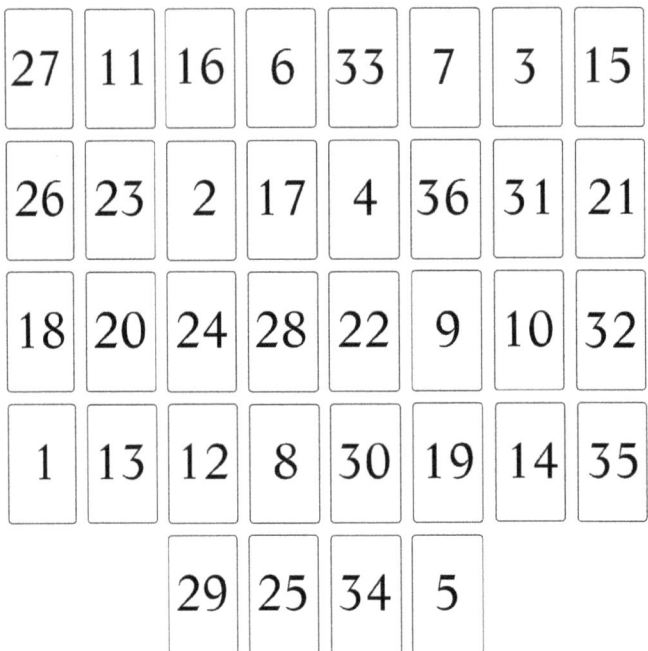

Um die Frage zu beantworten schaut man nun die Karten um die Personenkarten, wie sie zueinander liegen und die Karten zwischen den beiden an. Auf den ersten Blick wird deutlich das der Sarg und der Ring zwischen den beiden liegen. Die männliche Personenkarte hat den Ring unter sich, das heißt er ist mit dem Sarg aktuell in der Situation der Trennung und zweifelt ob es das richtige ist und ob er sich lösen soll weil ebenfalls die Vögel neben dem Sarg zu finden sind. Die Dame hat sich schon von der Bindung verabschiedet da die Kombination hinter ihr liegt. Weil sie vom Ring wegschaut hat sich die Frage sofort geklärt: sie ist aus der Beziehung gegangen und möchte nicht mehr zurück. Auch den Kontakt möchte sie nicht mehr aufrechterhalten, weil der Sarg nicht nur beim Ring sondern auch bei den Vögeln zu finden ist. Sie schaut Richtung Reiter und Kind das zeigt ihre Absicht in eine neue Beziehung zu gehen und zwar mit dem Hund, sie werden vermehrt Kontakt haben (Mäuse + Ruten) und sich vermehrt Treffen (Mäuse + Park). Es scheint, dass die Geschichte mit dem Hund noch nicht offengelegt ist und sie selbst nicht weiß, und schon gar nicht der Fragesteller, ob mit dem Hund eine Beziehung möglich ist. Das sieht man anhand des Buches das beim Hund zu finden ist. Auch wenn der Fragesteller von allem offiziell nichts weiß scheint er es zu ahnen. Man sieht es, weil der Fuchs auf den Turm schaut (hinterlistige Trennung) und über dem Fuchs die Sense liegt, ganz klar Gefährdung durch Falschheit. Der Fuchs, der auf den Turm schaut bedeutet auch, dass eine Trennung falsch wäre. In dem Fall mit der Sense wendet sich die Kombination und wird negativ.

Geben Sie nachfolgend eine kurze Antwort auf die Frage.

Eine junge Frau die sich momentan noch im Erziehungsurlaub befindet möchte an ihren alten Arbeitsplatz zurückkehren. Sie ist sich etwas unsicher und weiß nicht ob sie dort klarkommen wird.
Schauen Sie sich ihre zukünftige berufliche Situation an und geben sie ihr die Antwort.

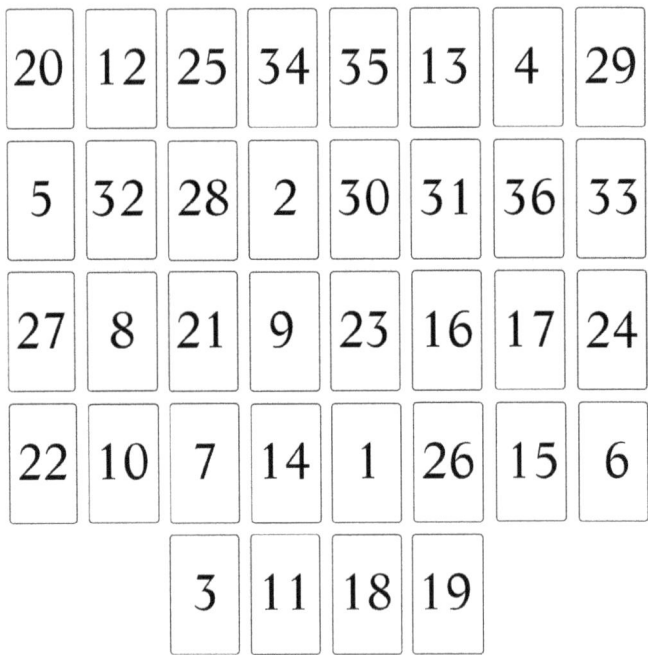

Um die Antwort zu geben schauen wir uns die Karten zwischen der Personen-karte und dem Anker genauer an eventuell auch noch die Karten um den Anker. Bereits direkt vor ihr finden wir das Kind mit dem Haus, ein Hinweis, dass sie momentan noch Hausfrau ist und die Kinder betreut. Das wird zukünftig auch noch eine Weile so sein. Das Kind zeigt allerdings auch den beruflichen Neubeginn den sie sich wünscht. Da unter dem Kind die Sonne liegt wird erstens der Neubeginn erfolgreich sein zweitens wird er im Sommer sein, da die Sonne zeitlich den Sommer zeigt. Schauen wir weiter finden wir das Kreuz mit den Störchen darunter. Durch diese Veränderung wird sie also Belastungen haben. Darüber liegt das Haus, also ein klarer Hinweis, dass die Belastungen mit der Hausarbeit, den Kindern und der Arbeitsstelle zu tun haben. Die Sonne links vom Kreuz zeigt einen Energieverlust, der Schlüssel rechts vom Kreuz allerdings, dass sie mit der Zeit immer sicherer wird und das ganze in den Griff bekommt.

Schauen wir nach weiter unten und wir finden das Buch mit der geschlossenen Seite zum Bären mit den Wolken und zu den Störchen mit dem Herz. Dies zeigt deutlich, dass es in der Firma einen Wechsel, einen älteren Herr betreffend, gegeben hat und dieser Wechsel für die Fragestellerin nur positiv sein kann. Das Herz macht es deutlich. Sie fragen sich vielleicht wie ich jetzt darauf komme das der Bär aus der Firma ist. Schauen Sie sich unter dem Bären den Turm an. Diese beiden Karten zeigen eine Führungsperson (nicht nur den Vater) oder einfach ihren Chef. Es ist auch gut möglich das sie selbst nach ihrer Rückkehr an einen anderen Platz gesetzt wird, der Wechsel sozusagen sie selbst betrifft, wobei auch hier ganz klar gesagt werden muss, dass es für sie nur positiv sein wird.

Ich möchte auch noch anmerken das es zwischen Anker und Personenkarte zwei markante Skat-Deutungen gibt. Das wäre einmal die zwei Sechser, und einmal zwei Neuner. Die zwei Sechser deuten auf Frieden und Ruhe hin und die Gerechtigkeit, die zwei Neuner auf eine glückliche Phase.

Die Fragestellerin muss sich also keine Sorgen machen, sich nur bewusst sein, dass sie mit Beruf und Familie einige anfängliche Belastungen haben wird die jedoch erfolgreich beseitigt werden können. Zudem der Wechsel in der Firma für sie erstmal etwas überraschend sein wird, sich jedoch im nachhinein für sie als positiv erweisen wird.

NACHWORT

Nun sind Sie am Ende angelangt. Ich hoffe Sie konnten noch einiges dazulernen und Ihr vorhandenes Wissen überprüfen.

Wenn Sie bei fast allen Fragen auf die Lösung gekommen sind, kann ich Ihnen gratulieren, Sie sind nun sehr weit gekommen. In der Regel müsste Ihr Wissen nun ausreichen um sich über einen beruflichen Einstieg Gedanken zu machen wenn Sie daran Interesse haben.

Natürlich können Sie bei mir ein Zertifikat erwerben. Hierzu prüfe ich Ihr Wissen im Rahmen einer Telefonberatung mit einem kleinen Legesystem nach Wahl und einem großen Blatt.

Möchten Sie das Kartenlegen beruflich ausüben, können Sie sich gerne für weitere Übungsstunden an mich wenden. Ich gebe Ihnen Tipps und wir versuchen Ihr Können noch etwas zu optimieren.

Auch wenn Sie nun alle 5 Bände durchgearbeitet haben und wir uns vielleicht nicht mehr so schnell „lesen" werden, wünsche ich Ihnen für alle Ihre weiteren Legungen eine gute Sicht!

Ihnen alles Gute, viel Glück und eine gute Gesundheit!!!

Alexandra Lara Weng

Band 1 Lehrbuch der Grundkenntnisse
> Enthält alle Kartenbedeutungen, sämtliche 2er Kombinationen und mehrere Legesysteme mit Beispielen.
> ISBN: 978-3-8334-9983-8   12,90 €

Band 2 Kombinationen
> Hier finden Sie sämtliche Kombinationen in ausführlicher Form, auch 3er, 4er und mehr Karten, Erklärung wie die Karten sinnvoll und richtig mitein ander kombiniert werden, der Leser soll lernen beliebig viele Karten sinn voll zu kombinieren.
> ISBN: 978-3-8370-4492-8   14,90 €

Band 3 Das große Blatt/Die große Tafel
> Ausführliche Erläuterung zum großen Blatt, dem interessanten Legesystem der Mlle. Lenormand. In Verbindung mit astrologischen Deutungen kann der Leser tiefer in Das große Blatt eintauchen.
> ISBN: 978-3-8370-2630-6   14,90 €

Band 4 Mehrere Beispiele zu allen Legesystemen
> Ausführliche Beispiele zu jedem in Band 1 behandelten Legesystem mit verschiedenen Fragen, zum Beispiel Liebe, Beruf, Geld. Oder auch das wiederfinden eines verlorenen Gegenstandes.
> ISBN: 978-3-8370-5492-7   11,90 €

Über die Autorin

Alexandra Lara befasst sich seit vielen Jahren mit den Lenormand-Karten, die sie schon in jungen Jahren fasziniert haben. Durch mehrere Jahre Berufserfahrung als Kartenlegerin und Coach hat sie sich solide Kenntnisse in den Bereichen Coaching und Kartenlegen angeeignet.

Weitere Informationen finden Sie auf:

www.mlle-lenormand.com

Bei Interesse an einer persönlichen Beratung, für Übungsstunden zum Lernen oder wenn Sie Fragen haben wenden Sie sich bitte an:

lara@mlle-lenormand.com

Kosten für 60 - 90 Minuten
50 €

Lightning Source UK Ltd.
Milton Keynes UK
UKHW031146020720
365926UK00004B/47

9 783837 091076